BEI GRIN MACHT SICH IHR WISSEN BEZAHLT

- Wir veröffentlichen Ihre Hausarbeit, Bachelor- und Masterarbeit

- Ihr eigenes eBook und Buch - weltweit in allen wichtigen Shops

- Verdienen Sie an jedem Verkauf

Jetzt bei www.GRIN.com hochladen und kostenlos publizieren

Bibliografische Information der Deutschen Nationalbibliothek:

Die Deutsche Bibliothek verzeichnet diese Publikation in der Deutschen Nationalbibliografie; detaillierte bibliografische Daten sind im Internet über http://dnb.d-nb.de/ abrufbar.

Dieses Werk sowie alle darin enthaltenen einzelnen Beiträge und Abbildungen sind urheberrechtlich geschützt. Jede Verwertung, die nicht ausdrücklich vom Urheberrechtsschutz zugelassen ist, bedarf der vorherigen Zustimmung des Verlages. Das gilt insbesondere für Vervielfältigungen, Bearbeitungen, Übersetzungen, Mikroverfilmungen, Auswertungen durch Datenbanken und für die Einspeicherung und Verarbeitung in elektronische Systeme. Alle Rechte, auch die des auszugsweisen Nachdrucks, der fotomechanischen Wiedergabe (einschließlich Mikrokopie) sowie der Auswertung durch Datenbanken oder ähnliche Einrichtungen, vorbehalten.

Impressum:

Copyright © 2017 GRIN Verlag
Druck und Bindung: Books on Demand GmbH, Norderstedt Germany
ISBN: 9783346083265

Dieses Buch bei GRIN:

https://www.grin.com/document/511474

Ralph Ortner

Der Einfluss der Gerechtigkeitstheorie von John Rawls auf die moderne Rechtsprechung

GRIN Verlag

GRIN - Your knowledge has value

Der GRIN Verlag publiziert seit 1998 wissenschaftliche Arbeiten von Studenten, Hochschullehrern und anderen Akademikern als eBook und gedrucktes Buch. Die Verlagswebsite www.grin.com ist die ideale Plattform zur Veröffentlichung von Hausarbeiten, Abschlussarbeiten, wissenschaftlichen Aufsätzen, Dissertationen und Fachbüchern.

Besuchen Sie uns im Internet:

http://www.grin.com/

http://www.facebook.com/grincom

http://www.twitter.com/grin_com

Universität Luzern
Theologische Fakultät
Fernstudium
Proseminar „Einführung in das wissenschaftliche Arbeiten"
Herbstsemester 2017

Gerechtigkeitstheorie von John Rawls

Proseminararbeit

Verfasser:
Ralph Georg Ortner

Erstes Fachsemester

Inhaltsverzeichnis

1. Einleitung 1
2. Skizzierte Darstellung der Theorie 1
   2.1 Die Rahmenbedingungen des „Urzustands" 2
   2.2 Der „Schleier des Nichtwissens" 3
   2.3 Die „Prinzipien der Gerechtigkeit" 4
3. Gründe der enthusiastischen Rezeption 5
4. Die Wirkmacht von Rawls in Gesetzgebung und Rechtsprechung 7
   4.1 Fragestellung und Methode 7
   4.2 Zusammenfassung der Ergebnisse 9
   4.3 Gründe für die Absenz der Wirkmacht 10
5. Fazit 12

Bibliografie 13

1. Einleitung

Bei einer Auseinandersetzung mit der Frage der Gerechtigkeit in der Gesellschaft ist es in unserer Zeit unmöglich, den Namen und die Werke von John Rawls nicht einzubeziehen. Seit der Veröffentlichung seiner „A Theory of Justice" 1971 war er im Diskurs stets präsent, wenn nicht sogar omnipräsent. Man kann seine Thesen und Begriffsbildungen kritisieren oder ablehnen, aber man kann sie schwer ignorieren. Selbst dort, wo sein liberaler Ansatz grundsätzlich inkompatibel mit der herrschenden Staatsdoktrin eines Einparteienstaats ist, wie in der Volksrepublik China, wird er rezipiert und zitiert.[1] Rawls hat jedoch nicht nur eine herausragende Stellung im kontemporären Diskurs, sein Werk war vielmehr der Auslöser für die Erneuerung dieses Diskurses und für eine unerwartete Renaissance der politischen Philosophie, die als Feld bereits totgesagt war. „For the moment anyway political philosophy is dead."[2], schrieb Peter Laslett im Jahr 1956 in seinem oft zitierten Nekrolog über die politische Philosophie und konnte das weitgehend unwidersprochen tun. Solche Totsagungen sind aber meist verfrüht und Wiederentdeckungen in der Philosophie normale Phänomene, was Laslett angesichts der Relativierung in seiner Aussage sehr bewusst gewesen dürfte. Nach einer kurzen Skizzierung der wichtigsten Konzepte und Begriffe der Rawlsschen Theorie der Gerechtigkeit soll in dieser Arbeit versucht werden, die Ursachen der erstaunlichen Auferstehung und wieder gewonnenen Wirkungsmacht nachzuvollziehen. Wenn von Wirkungsmacht die Rede ist, dann drängt sich die Frage auf, ob sich diese auf die akademische Sphäre beschränkt oder auch eine reale Manifestation in Form von Gesetzgebung oder Rechtsprechung hat, die nachweisbar auf Rawlssches Gedankengut rekurriert. Dass es diesen Einfluss gibt, kann stark vermutet werden, ist er aber auch konkret nachweisbar? Der Versuch der Beantwortung dieser Frage soll das „Forschungsprojekt" dieser Proseminararbeit werden.

2. Skizzierte Darstellung der Theorie

Rawls vertritt einen egalitären Liberalismus, dessen wichtigste Prämisse die Gerechtigkeit sozialer Institutionen unter der Wahrung der Rechte des Individuums ist. Diese Wahrung der individuellen Rechte ist für ihn ganz entscheidend und der wesentlichste Grund für seine Abgrenzung vom Utilitarismus. Die Postulierung seiner eigenen Gerechtigkeitstheorie erfolgt in der Absicht, eine Alternative zum Utilitarismus anzubieten.[3] Eine angemessene Darstellung des Utilitarismus ist im knappen Rahmen dieser Arbeit nicht möglich, es muss genügen zu sagen,

---

[1] Vgl. Seppänen, Samuli: Rawls Rejected, Ignored and Radicalised: Debating Procedural Justice in China, in: Justice: The China Experience, Cambridge 2017.
[2] Laslett, Peter: Philosophy, politics and society: a collection / ed. by Peter Laslett, Oxford: New Haven, Conn. 1956, S. vii.
[3] Vgl. Rawls, John: Eine Theorie der Gerechtigkeit, Frankfurt am Main 1979, S.19 f.

dass der klassische Utilitarismus in seinem Kern das Motiv der Nutzenmaximierung hat, welches die Opferung von individuellen Rechten zum Wohle der Allgemeinheit in einer Gesamtbilanz in einer Aufrechnung von Vor- und Nachteilen grundsätzlich zulässt. Rawls dagegen lehnt diese Möglichkeit Aufrechnung ab. Grundfreiheiten können grundsätzlich unter dem Aspekt von Gerechtigkeit und Fairness kein Gegenstand politischer Verhandlung oder sozialer Interessensabwägung sein.[4] Nach Frühbauer konfiguriert Rawls' sein gerechtigkeitstheoretisches Unternehmen als modernisierte und modifizierte Version des klassischen Kontraktualismus.[5] Er steht damit in der Tradition von Hobbes, Locke, Rousseau und Kant und hat damit das Paradigma des Kontraktualismus belebt und in den kontemporären Diskurs eingebracht. Die Denkfigur des Gesellschaftsvertrages ist ein theoretisches Legitimationskonzept, bei dem nicht so sehr die Inhalte der Vertragseinigung, als vielmehr das Verfahren der vertraglichen Einigung mitsamt seinen Voraussetzungen, Rahmenbedingungen und Durchführungsbestimmungen im Vordergrund steht, man spricht hier daher von einem vertragstheoretischen Prozeduralismus.[6] Allen Vertragstheorien gemein ist die Postulierung eines vorvertraglichen Ausgangszustands, über welchen Annahmen getroffen werden. Das rawlssche Design dieses Zustands unterscheidet sich aber von jenem der klassischen Theorien insofern, als sein Urzustand nicht ein Naturzustand ist. Eine Gleichsetzung dieser Begriffe wäre im Kontext der Rawlsschen Theorie stark verfehlt. Ihm geht es nicht darum, den fiktiven „bellum omnium contra omnes" durch einen Vertrag zu beenden, er setzt vielmehr ein grundsätzlich wohlgeordnetes Gemeinwesen bereits voraus, welches die Grundsätze einer gerechten Entscheidungsfindung besser verstehen und diese rechtfertigen möchte. Sein Urzustand ist kein historischer Zustand, sondern ein fiktives Konstrukt und als solches Teil eines Reflexionskontextes, in welchen sich ein realer „Gerechtigkeitsdenker" in die Position eines fiktiven „Urzustandsakteurs" versetzt, um die für alle Zeiten und für alle Mitglieder der Gesellschaft verbindlichen Prinzipien der Gerechtigkeit zu generieren und diese zu rechtfertigen. Diese erzielten Grundvereinbarungen stehen unter dem Topos der „Fairness", dem tragenden Grundgedanken hinter der rawlsschen Theorie.

2.1 Die Rahmenbedingungen des Urzustands

Nach Rawls ist die Gesellschaft ein Unternehmen der Zusammenarbeit zum gegenseitigen Vorteil, welches sowohl von Interessenskonflikte wie auch durch Interessensharmonie in einer Situation relativer Güterknappheit gekennzeichnet ist.[7] In diese Rahmenbedingungen, einem

---

[4] Vgl. Rawls, John: Eine Theorie der Gerechtigkeit, 1979, S. 46.
[5] Vgl. Frühbauer, Johannes J.: Gerechtigkeit denken. John Rawls' politische Philosophie aus sozialethischer Perspektive., Dissertation, Universität Tübingen, Tübingen 2004, S.78.
[6] Vgl. Ebd., S. 80.
[7] Vgl. Rawls, John: Eine Theorie der Gerechtigkeit, 1979, S. 148 f.

Spannungsfeld von Knappheit, Konflikt und Harmonie, sehen sich die Akteure des Urzustands gestellt, denen ihrerseits eine Reihe von Eigenschaften, Fähigkeiten und Motivationen zugeschrieben wird. Nach Rawls besteht Gleichheit unter den Menschen als moralische Subjekte[8], sie sind kooperationsbereit[9] und vor allem aber sind sie vernünftig. Unter dem Begriff der „Vernünftigkeit" subsumiert Rawls eine Reihe von Eigenschaften und führt diese im Kapitel 25 seines Werks näher aus. Neben einer grundsätzlichen Vernunftfähigkeit werden von Rawls den Urzustandsakteuren noch weitere aus dieser Fähigkeit zur Vernunft emanierende Eigenschaften, wie ein gemeinsames Bedürfnis nach Grundgütern, eine Haltung der „Neidlosigkeit", gegenseitiges Desinteresse, Gerechtigkeitssinn und eine habituelle Regeleinhaltung zugeschrieben.[10]

2.2 Der „Schleier des Nichtwissens"

Der „Schleier des Nichtwissens", im englischen Original „veil of ignorance", ist das zentrale Element des Urzustands und die wahrscheinlich am besten in der Öffentlichkeit bekannte Begriffsschöpfung der rawlsschen Theorie. Rawls bezeichnet damit auf metaphorische Weise eine erwünschte Informationsbeschränkung der Urzustandsakteure, welche diesen ein Wissen über ihre bevorzugte oder benachteiligte Stellung in der Gesellschaft vorenthält und damit deren Gleichheit herstellt. Das soll bei der Regelbildung verhindern, dass diese ihre individuellen Interessen einfließen lassen und die bestmöglichen Voraussetzungen für die Verfahrensgerechtigkeit schaffen. Kurz gesagt, sie wissen alles über den Menschen an sich und über die Gesellschaft, aber nichts über sich selbst, „Was auch die Stellung eines Menschen in der Zeit sein mag, er ist stets gezwungen, für alle Menschen zu entscheiden."[11] Was verdeckt nun der Schleier des Nichtwissens konkret? Rawls konkretisiert die Inhalte, oder besser die Absenzen, wie folgt:

> „Es wird also angenommen, dass dem Parteien bestimmte Arten von Einzeltatsachen unbekannt sind. Vor allem kennt niemand seinen Platz in der Gesellschaft, seine Klasse oder seinen Status; ebenso wenig seine natürlichen Gaben, seine Intelligenz, Körperkraft usw. Ferner kennt niemand seine Vorstellung vom guten, die Einzelheiten seines vernünftigen Lebensplanes, ja nicht einmal die Besonderheiten seiner Psyche wie seine Einstellung zum Risiko oder seine Neigung zu Optimismus oder Pessimismus.

---

[8] Vgl. Rawls, John: Eine Theorie der Gerechtigkeit, 1979, S. 36.
[9] Vgl. Ebd., S. 32.
[10] Vgl. Ebd., S. 166-174.
[11] Ebd., S. 163.

Darüber hinaus setzt sich noch voraus, dass die Parteien, die besonderen Verhältnisse in ihrer eigenen Gesellschaft nicht kennen, das heißt positiv ist ihre wirtschaftliche und politische Lage, den Entwicklungszustand ihrer Zivilisation und Kultur. Die Menschen im Urzustand wissen auch nicht zu welcher Generation sie gehören."[12]

Hier drängt sich die Frage auf, was der solcherart scheinbar sehr stark im Wissen eingeschränkte Urzustandsakteur überhaupt noch an Kenntnissen besitzen darf. Rawls formuliert hierzu knapp und abstrakt, dass dieser nur weiß, „…dass ihre Gesellschaft die Anwendungsverhältnisse der Gerechtigkeit aufweist und alles, was damit zusammenhängt".[13] Bei näherer Betrachtung handelt es sich aber dabei dann doch um einen sehr umfangreichen Korpus an Wissen, den Rawls seinen Akteuren im Urzustand zugesteht. Nach Rawls verstehen die Akteure politische Fragen genauso wie die Grundzüge der Wirtschaftstheorie und des Rechtswesens, sie haben sowohl Alltagsverstand als auch gründliche Kenntnis der Psychologie des Menschen.[14] Der Urzustandsakteur ist ein also ein hochgebildeter Mensch mit vielfältigsten Kenntnissen, „…sodass es geradezu den Anschein hat, dass Rawls seine eigenen theoretischen Voraussetzungen und Dispositionen nahezu zum Maßstab für die Entscheidungssubjekte macht, vielleicht sogar machen muss, damit der Urzustand zum gewünschten Ergebnis führen kann."[15]

2.3 Die Prinzipien der Gerechtigkeit

Im nächsten und entscheidenden Schritt gilt es nun, die Prinzipien der Gerechtigkeit selbst ermitteln. Das Verfahren, das Rawls hier vorschlägt ist, den Urzustandsakteuren eine Liste mit denkbaren Gerechtigkeitsgrundsätzen zur Auswahl vorzulegen. Rawls postuliert hier, dass sich die Urzustandsakteure mit den beschriebenen Eigenschaften und den definierten Rahmenbedingungen für genau jene von ihm formulierten optimalen Prinzipien entscheiden würden, namentlich für das Freiheitsprinzip „Jedermann hat gleiches Recht auf das umfangreichste Gesamtsystem gleicher Grundfreiheiten, das für alle möglich ist" (erster Grundsatz) , für das Differenzprinzip „Soziale und wirtschaftliche Ungleichheiten müssen folgendermaßen beschaffen sein, dass sie den am wenigsten Begünstigten den größtmöglichen Vorteil bringen" sowie das Prinzip der Chancengleichheit „Soziale und wirtschaftliche Ungleichheiten müssen mit Ämtern und Positionen verbunden sein, die allen gemäß fairer Chancengleichheit offenstehen." (zweiter Grundsatz). Die beiden Grundsätze spiegeln die Trennung der Gesellschaft in eine rechtlich-politische und eine ökonomische Sphäre wieder und stehen in lexikalischer Ordnung zueinander, derart, dass der erste Grundsatz dem zweiten Grundsatz vorausgeht (Vorrangregel). Diese

---

[12] Rawls, John: Eine Theorie der Gerechtigkeit, 1979, S. 160.
[13] Ebd.
[14] Vgl. Ebd., S.169 f
[15] Frühbauer: Gerechtigkeit denken, 2004, S.106.

Ordnung hat den Sinn, dass Verletzungen der vom ersten Grundsatz geschützten gleichen Grundfreiheiten nicht durch größere gesellschaftliche oder wirtschaftliche Vorteile gerechtfertigt oder ausgeglichen werden können. Die Vorrangregel hat in der Rawlsschen eine essenzielle Rolle und spiegelt seine antiutilitaristische Grundhaltung wieder, die sich einer simplen Aufrechnung der Vor-und Nachteile widersetzt. Als wesentlichste Grundfreiheiten im Sinne des ersten Grundsatzes zählt Rawls eine Reihe von Freiheiten auf, wie die politische Freiheit, das Recht zu wählen und öffentliche Ämter zu bekleiden, die Rede und Versammlungsfreiheit, die persönliche Freiheit u.v.m. und betont noch einmal explizit, dass diese für alle gleich zu sein haben.[16] Der zweite Grundsatz bezieht sich auf die Sphäre der Ökonomie und ist aufgeteilt zwei Prinzipien, das „Differenzprinzip" und das „Prinzip der Chancengleichheit". Das Differenzprinzip bezieht sich auf primär die Verteilung von Einkommen. Rawls lehnt die Ungleichheit bei Vermögen und Einkommen keineswegs ab, sondern fordert, dass diese Ungleichheit zu jedermanns Vorteil sein müsse. Mit dem Prinzip der Chancengleichheit wird die Forderung etabliert, dass prinzipiell Macht und Positionen innerhalb der gesellschaftlichen Organisation jedermann zugänglich zu sein haben.

Zusammengenommen begründen die beiden Prinzipien der Gerechtigkeit im Wesentlichen einen liberalen und sozialen Rechtsstaat, eine konstitutionelle Demokratie, in die eine kompetitive Ökonomie eingebunden ist.[17] Bei der Vergegenwärtigung der politischen und sozialen Verhältnisse in den meisten europäischen Staaten könnte man den Eindruck gewinnen, dass bei deren Gestaltung die Prinzipien von Rawls bereits zugrunde gelegt wurden, weil sie seine Anforderungen in einem hohen Ausmaß erfüllen. Vom zeitlichen Ablauf her kann dies nicht der Fall sein, als durchaus wahrscheinlich erscheint dagegen der umgekehrte Einfluss.

Man kann vermuten, dass die politische Entwicklung dieser Jahre Rawls bei der Gestaltung seiner Prinzipien stark beeinflusst haben und er mit seiner Theorie der historischen Entwicklung den theoretischen Überbau nachlieferte.

3. Gründe für die enthusiastische Rezeption

Eingangs stellt sich die Vorfrage, was politische Philosophie überhaupt zu leisten vermag. Die Antwort auf diese Frage in ihrer kürzesten Form ist, dass sie die Möglichkeit einer normativen Reflexion der politischen Realität eröffnet und dafür ein Instrumentarium an Begriffen und Methoden anbietet. Auch andere Wissenschaften wie die Politologie oder die Soziologie reflektieren darüber, aber auf der Ebene des „Seins", nicht jedoch auf der Ebene eines „Sollens". Die

---

[16] Vgl. Rawls, John: Eine Theorie der Gerechtigkeit, 1979, S. 82.
[17] Vgl. Frühbauer: Gerechtigkeit denken, 2004. S 140.

empirischen Wissenschaften können keine Werte liefern und diese auch nicht begründen. Die „Theorie der Gerechtigkeit" dagegen stellt diesen Anspruch deutlich und für viele in sehr überzeugender Weise. Als Peter Laslett 1956 sein berühmtes Dictum vom Tod der politischen Philosophie tätigte, bestand aber offensichtlich ein geringer Bedarf an dieser Art der normativen Reflexion. Diese entsprach auch in keiner Weise dem Zeitgeist nach dem zweiten Weltkrieg und dessen positivistischen wissenschaftstheoretischen Ansatz.[18] Im starken Kontrast steht dazu die politische und gesellschaftliche Entwicklung in der westlichen Welt, die genau eben unter den Topoi der Forderung nach gesellschaftlicher Freiheit, Gleichheit und Gerechtigkeit stattfand, die auch den Kern der Philosophie von Rawls bildet. Diese Forderungen sind innerhalb der westlichen Zivilisation in keiner Weise ein Phänomen der zweiten Hälfte des 20. Jhd., sondern die konsequente Weiterführung von Prozessen, die schon seit der französischen Revolution innerhalb des westlichen Kulturkreises im Gange sind, das ganze 19.Jhd über andauerten und durch die beiden Weltkriege in tragischer Weise unterbrochen wurden. Nach dem zweiten Weltkrieg jedoch entwickelten sie eine ganz neue Dynamik, nicht ohne auf den starken Widerstand konservativer Kräfte zu stoßen, aber bis zum Beginn der 70er Jahre des 20. Jhd. wurden die Ziele der Bürgerrechts-, Frauen- und Studentenbewegungen doch in einem sehr hohen Maß erfolgreich realisiert. Parallel dazu wurden vor allem in den europäischen Staaten soziale Sicherungssysteme mit starker Umverteilungswirkung aufgebaut, mit dem deklarierten Ziel der Herstellung von sozialen Mindeststandards als Form der Verteilungsgerechtigkeit. Das Ergebnis dieser Bemühungen waren Gesellschaften, die in guter Annäherung den Anforderungen von Rawls an eine gerechte Gesellschaft entsprechen, sie erscheinen geradezu anhand seiner Theorie modelliert. Dieser Entwicklung stand ein Mangel an theoretischer Aufarbeitung und philosophischer Begründung, geradezu ein Theorievakuum, gegenüber, denn die Realität dieser neu und ohne historische Präzedenz entstandenen Gesellschaften kann nur schwer in die vorhandenen Theoriegebäude eingepasst werden. In dieses Theorievakuum stieß Rawls mit seinem umfangreichen und viele Bereiche abdeckenden Werk mit höchster Treffsicherheit hinein und erfüllte damit einen inzwischen dringenden Bedarf. Die „Theorie der Gerechtigkeit" war im wörtlichen Sinne ein Buch, auf das die Welt gewartet hatte, das richtige Buch zur richtigen Zeit.

Aber nicht nur der Zeitgeist in der Philosophie hatte sich zu Beginn der 70er Jahre verändert, sondern auch jener in der Politik. Meine These zum Erfolg von Rawls auch außerhalb der akademischen Zirkel ist, dass diese Änderung einen Rechtfertigungs- und Argumentationsbedarf erzeugte, die zu einer erneuten Zuwendung zur politischen Philosophie bei einigen

---

[18] Vgl. Frühbauer: Gerechtigkeit denken, 2004, S.41

praktizierenden Politkern führte. Die Dynamik der auf Gerechtigkeit und Gleichheit ausgerichteten gesellschaftlichen Entwicklung mit einer starken Bereitschaft zur Umverteilung gesellschaftlicher Güter hatte zu Beginn der 70er Jahre in vielen Ländern, vor allem in den USA und im UK, ihren Höhepunkt bereits überschritten und war im Abklingen. Die einsetzende politische Gegenbewegung, häufig, wenn auch nicht vollständig korrekt, identifiziert mit den politischen Strömungen des „Neokonservativismus" und „Neoliberalismus" in ihrer angelsächsischen Ausprägung und ihrer europäischen Epigonen, erzeugte einen vorher nicht so dringend gefühlten Rechtfertigungs-und Argumentationsbedarf, vor allem bei den Proponenten eines egalitären Liberalismus in verschiedenen Ausprägungen im angelsächsischen Raum oder auch bei den nicht-marxistischen Linken in Europa. Für diese stellt Rawls ein umfangreiches Arsenal an Begriffen und Argumentationsstrategien zur Verfügung, die auch im praktischen politischen Diskurs grundsätzlich sehr brauchbare Werkzeuge darstellen und manchmal auch genutzt wurden, vor allem im United Kingdom[19] und in Italien.[20]

4. Die „Wirkmacht" von Rawls in Gesetzgebung und Rechtsprechung
4.1 Fragestellung und Methode

Während der Einfluss von Rawls in der akademischen Sphäre evident ist, ist die Annahme von Wirkmacht in der Sphäre der realen Gesetzgebung und Rechtsprechung eine Vermutung, die zwar naheliegend ist, aber empirisch abgesichert werden muss. Als Vorfrage ist zu definieren, was im Rahmen der vorliegenden Diskussion unter dem Begriff der „Wirkmacht" zu verstehen ist. Unter „Wirkmacht" wird im Rahmen der Fragestellung nicht ein indirekter, mehr oder weniger subtiler allgemeiner Einfluss verstanden, sondern ein bewusster und methodischer Einsatz von Methoden und Begriffen, die direkt der rawlsschen Gerechtigkeitstheorie entnommen wurden. Angenommen wird, dass Gerechtigkeitsaspekte in der Gesetzgebung und der Rechtsprechung hohe Priorität haben und Rawls so eminent wichtige Beiträge zur Herstellung derselben geliefert hat, dass Spuren seines Einflusses und die Anwendung der von ihm vorgeschlagenen Prozeduren nachweisbar sein sollten. Wenn die rechtsphilosophische Figur des „Schleier der Unwissenheit" zur Herstellung von Gerechtigkeit nicht nur eine geniale Begriffschöpfung und einflussreiches theoretisches Konzept ist, sondern in einer staatlichen Gesetzgebung tatsächlich auch zur Anwendung kommt, dann, so lautet die Arbeitshypothese, sollte dies in den Materialien zur Gesetzgebung, parlamentarischen Protokollen, Ausschussberichten und ähnlichen Dokumenten in Form von Zitaten und für Rawls typischen Begriffen ebenso seinen Niederschlag

---

[19] Vgl. Saward, Michael: Veil of influence: the legacy of John Rawls, in: Soundings (24), 2003, S. 117–124.
[20] Vgl. Rogers, Ben: John Rawls, 06.1999, <https://www.prospectmagazine.co.uk/magazine/who-was-john-rawls-political-philosopher-justice>, Stand: 22.01.2018.

finden wie in den Sprüchen von Höchstgerichten. Dass eine umfassende und globale Untersuchung der Frage wäre im Rahmen einer Proseminararbeit schon aus Platzgründen hoffnungslos überambitioniert und ist grundsätzlich überhaupt nur durchführbar, weil die Materialien zur Gesetzgebung und Rechtsprechung in einem sehr hohen Maß online öffentlich zugänglich sind und die Zugänge über eine Volltextsuche verfügen. Ziel ist nicht die Vollständigkeit, sondern die Gewinnung eines angemessen validen ersten Eindrucks. Die Untersuchung beschränkte sich initial örtlich auf die Länder Schweiz, Deutschland und Österreich und zeitlich auf den Zeitraum von etwa 1975-2017. Da die Zahl der Fundstellen zu gering war, wurde die Untersuchung nachträglich auf die USA und dort auf einen Zeitraum bis 1956 zurück ausgedehnt. Abgefragt wurde der Name John Rawls und das zugehörige Adjektiv, da bei direkten Bezugnahmen üblicherweise der Autor zitiert wird, sowie die für Rawls besonders typischen und bedeutsamen Begriffe „Theorie der Gerechtigkeit", "Gerechtigkeit als Fairness" „Schleier des Nichtwissens", sowie das „Differenzprinzip". Abgefragt wurden die Materialien der gesetzgebenden Körperschaften und Sprüche der Obergerichte der genannten Länder. Neben der Frage der Häufigkeit der Verwendung ist auch jene der Qualität von Bedeutung. Eine Fundstelle ist danach zu beurteilen, ob bei Nutzung des Begriffs tatsächlich bewusst auf Rawls rekurriert wird, ob die Nutzung sachgerecht ist und wie bedeutsam sie im Gesamtkontext der Argumentation ist. Die Suchergebnisse wurden in drei Kategorien eingeteilt (mit nachgestellten Beispielen):
Kategorie 1: „Klarer Bezug auf Rawls, sachgerechter Einsatz von Theorieelementen, tragende Funktion für die Argumentation", wie z.B. in der Senatsdebatte über den „Childhood Protection Act":

> " This stance seems consistent with the views of the major social philosopher, John Rawls, who posits in his A Theory of Justice a social contract in which everyone decides on the allocation of rights and duties under a "veil of ignorance," not knowing what societal role he will occupy in the new society-man, Woman or child. I believe that if anyone were in danger of being assigned to childhood, he would demand most of the rights we have been talking about."[21]

Kategorie 2: „Klarer Bezug auf Rawls, sachgerechter Einsatz von Begriffen oder Theorieelementen, jedoch keine tragende Funktion für die Argumentation, sondern beiläufige, meist ehrende, Erwähnung", wie z.B. in einer Rede Bill Clintons:

---

[21] United States Congress: United States Congressional Records, Proceedings and Debates of the 96th Congress, First Session, Senate, Tuesday, July 24, 1979, S. 34.

"John Rawls is perhaps the greatest political philosopher of the 20th century. In 1971, when Hillary and I were in law school, we were among the millions moved by a remarkable book he wrote, ''A Theory of Justice,'' that placed our rights to liberty and justice upon a strong and brilliant new foundation of reason."[22]

Kategorie 3: „Rawlssche Terminologie, aber kein erkennbarer Bezug zur rawlsschen Theorie" wie z.B.:

"He lifted the veil of ignorance from his people and pointed the way to progress through education and industry" is the memorial inscription to Washington at Tuskegee. It could fittingly be the inscription to the whole period, for numerous less famous men and institutions were engaged in the same endeavor."[23]

4.2 Zusammenfassung der Ergebnisse

	Kat. 1	Kat. 2	Kat. 3	Summe
United States Congress (www.govinfo.gov)	12	7	14	33
Unites States Courts (www.govinfo.gov)	3	3	6	12
Schweizer Parlament (www.parlament.ch)	0	0	0	0
Schweizer Bundesgerichtshof (https://www.bger.ch/index/juridiction.htm)	0	1	0	1
Österreichisches Parlament (www.parlament.gv.at)	3	3	0	6
Österreichische Gerichte (www.ris.bka.gv.at)	0	0	0	0
Deutscher Bundestag (www.bundestag.de)	3	1	0	4
Deutsches Bundesverfassungsgericht (www.bundesverfassungsgericht.de)	1	0	0	1
Summe	22	15	20	57

Aus der Auswertung der Fundstellen lassen sich die folgenden Ergebnisse ableiten:

1. Die Recherche im deutschen Sprachraum allein wäre mit nur zwölf Fundstellen zu unergiebig gewesen, um valide Aussagen zu machen. Die Erweiterung der Untersuchung auf die USA als das Heimatland Rawls war essentiell für die Aussagekraft und brachte 45 weitere Fundstellen. Auch wenn Rawls international rezipiert wird, kann angenommen werden, dass sein primäres Wirkungsgebiet die Vereinigten Staaten von Amerika sind.

---

[22] United States Executive Office of the President; William J. Clinton: Remarks on Presenting the Arts and Humanities Awards, 1999.
[23] United States Congress: United States Congressional Records, Proceedings and Debates of the 84th Congress, Second Session, Senate, Tuesday, July 17, 1956, S. 157.

2. Die Phrase „veil of ignorance" war in den USA schon lange vor Rawls „Theorie der Gerechtigkeit" in Verwendung, siehe das Beispiel zur „Kategorie 3" aus dem Jahr 1956, allerdings in der diametral entgegengesetzten Bedeutung als ein Negativum, als ein Schleier, der Unwissenheit und Ignoranz verursacht. Die anfängliche Vermutung, dass viele Benutzer der Phrase deren Bedeutung nicht verstanden hätten, war nicht haltbar. Rawls hat im Rahmen seiner Theorie einem bereits gut etablierten Begriff eine andere, sich nicht direkt intuitiv erschließende Bedeutung gegeben und dieser wird weiter in seiner ursprünglichen Bedeutung ohne Rawls-Bezug benutzt.

3. Dort, wo der Rawls-Bezug hochwertig ist, spricht meist eine Person mit starker akademischer Verankerung, häufig ein Professor der Rechtswissenschaften, in einer Funktion als Zeuge oder Gutachter und nur selten ein „einfacher Parlamentarier" oder ein Richter.

4. Die Zahl der Fundstellen ist mit 57 insgesamt unerwartet gering, gerade 37 davon beziehen sich auf Rawls und nur 21 Fundstellen entsprachen den Kriterien der „Kategorie 1". Von großer Wirkmacht im Sinne eines häufigen und systematischen Einsatzes von Begriffen oder Theorieelementen kann angesichts dieser Zahlen nicht gesprochen werden.

5. Im Kontrast zu diesem grundsätzlich negativen Befund steht die Tatsache, dass trotzdem gelegentlich rawlssche Terminologie und Methode genau in der vermuteten Art und Weise zu Einsatz kommt. Das zeigt, dass ein solcher Einsatz vorkommt und bei einer Recherche auch gefunden wird, aber dass es eben ein recht seltenes Ereignis ist.

4.3 Gründe für die Absenz der Wirkmacht

Der Mangel an Wirkmacht der rawlsschen Theorie resultiert nicht aus einem Mangel an Willen zur politischen Wirkung auf der Seite von Rawls. Sein Wille manifestierte sich z.B. 1996 in dem Versuch, sich gemeinsam mit anderen prominenten Philosophen in der Form des „Philosophers' Brief"[24] als „amici curiae" direkt in die Willensbildung US Supreme Courts zur Frage der aktiven Sterbehilfe in den Fällen Vacco v. Quil und Washington v. Glucksberg einzubringen. Rawls und seine Kollegen befürworteten dabei das Recht auf medizinisch assistierten Suizid, der Supreme Court entschied gegenteilig und nahm bei seiner Entscheidung keinerlei Bezug auf deren Argumente. Diese völlige Nichtbeachtung kam für die Proponenten unerwartet und wirft ganz allgemein die Frage nach dem Umgang von Gerichten mit philosophischer Theorie als möglicher Entscheidungsgrundlage juristischer Fragen auf. Zumindest für den US Supreme Court kann mit Sicherheit gesagt werden, dass der Rekurs auf die philosophische Theorie

---

[24] Vgl. Scanlon, T. M.; Thomson, Judith Jarvis; Rawls, John u. a.: Assisted Suicide: The Philosophers' Brief, in: The New York Review of Books, 27.03.1997. Online: www.nybooks.com, <http://www.nybooks.com/articles/1997/03/27/assisted-suicide-the-philosophers-brief/>, Stand: 29.12.2017.

eine eher seltene Sache ist. Nach Rao gab es im Zeitraum von 1789 bis 1997 nur 47 Fälle, in denen das Gericht explizit Philosophen zitiert.[25] Rao führt als Gründe dafür an, dass die Rechtsprechung eine autonome Disziplin sei, die nach ihren eigenen Regeln und Methoden arbeitet und vor allem aber, dass sie sich im Rahmen der Verfassung, der Gesetze und im Fall des angelsächsischen Rechts der Präzedenzen bewegen müsse. Philosophie aber sei keine gültige Rechtsquelle, ihre Theoriebildung sei nicht an die Verfassung gebunden und die Rechtsprechung solle nach Möglichkeit nicht neues Recht schaffen, da dies Aufgabe und Privileg der Gesetzgebung sei, vor allem in gesellschaftspolitisch kontroversen Fragen, die eines vorhergehenden breiten politischen Diskurses und breitest möglicher gesellschaftlicher Legitimation bedürften. In der Praxis wurden in den vergangenen Jahren viele solcher eigentlich politischer Fragen trotzdem von den obersten Gerichten entschieden, nicht nur in den USA, sondern auch in Europa. Diese Entwicklung sieht Rao kritisch und möchte sie hintangehalten sehen, da dem Recht sonst die demokratische Legitimation fehle und der gesellschaftliche Grundkonsens in Gefahr sei. Die Nichtbeachtung des „Philosophers' Brief" durch den Supreme Court erscheint in diesem Licht als sachgerecht und nachvollziehbar.

Was im Speziellen das rawlssche Konzept des „Schleier des Nichtwissens" betrifft, so kann man mit Adrian Vermeule argumentieren, dass die Rechtswissenschaft ihre eigenen „Schleier"-Methoden der Herstellung von Verfahrensgerechtigkeit und Unparteilichkeit hat und das spezifische rawlssche Design zwar im Kontext des Gedankenexperiments seinen Wert hat, nicht jedoch in der praktischen juristischen Arbeit, für die es besser angepasste Methoden gibt.[26]

Während es in der Rechtsprechung nachvollziehbare Gründe für eine grundsätzliche Distanz zum Einsatz von philosophischer Argumentation bei der Entscheidungsbegründung gibt oder diese sogar als unzulässig erscheint, so gelten diese Gründe für die Sphäre der Gesetzgebung nicht. Kenntnisse der politischen Philosophie und deren Anwendung auf normative Reflexion erscheinen bei den Repräsentanten des Volkes im Gegenteil eigentlich als geboten. Es gibt keinen prinzipiellen Grund, Politik nicht an Werten wie Gleichheit und Gerechtigkeit zu orientieren und diese in Parlament und anderen öffentlichen Foren philosophisch fundiert zu begründen. Das Parlament wäre grundsätzlich der geeignete Ort, um philosophische Erkenntnis in Gesetz zu transformieren. Der reale politische Prozess erscheint jedoch eher von sehr unverschleierter Interessenpolitik, also dem exakten Gegenteil des rawlsschen Ansatzes getrieben, als von abstrakten philosophischen Gerechtigkeitserwägungen. Es gibt wenig empirische

---

[25] Vgl. Rao, Neomi: A Backdoor to Policy Making: The Use of Philosophers by the Supreme Court, in: The University of Chicago Law Review 65 (4), 1998, S. 1371–1401.
[26] Vgl. Vermeule, Adrian: Veil of Ignorance Rules in Constitutional Law, in: The Yale Law Journal 111 (2), 2001, S. 399–433.

Belege dafür, dass politische Philosophie im Allgemeinen oder die rawlssche Philosophie im Besonderen derzeit im praktischen politischen Diskurs eine bedeutende Rolle spielte oder bei der Mehrzahl der Akteure ein besonders aufgeprägtes persönliches Interesse daran bestünde. Deren Kenntnis und Interesse kann zwar auch nicht ausgeschlossen werden, es erschiene aber doch verwunderlich, dass sich diese bei weiter Verbreitung in einem so geringen Umfang manifestierten. Wenn die rawlssche Theorie ihren gelegentlichen Auftritt auf der politischen Bühne hat, dann sind es meist externe Experten mit akademischen Hintergrund, welche auf ihrer Grundlage argumentieren, selten Politiker.

Reale Politik ist nicht die Fortsetzung des akademischen Diskurses mit anderen Mitteln in einer anderen Sphäre. Der politischen Philosophie fällt in der politischen Sphäre nicht die Rolle der Herrin zu, die politisches Denken und Handeln von politischen Akteuren bestimmt, sondern meist nur die einer Magd, die argumentative Munition für den Augenblick zuliefert oder die gehobene Bildung des Sprechers zeigen soll. Die gelegentlichen Fundstellen, in denen Rawls von Politikern zitiert wird, können so interpretiert werden.

Das volle argumentative Potential der rawlsschen Theorie bleibt weitgehend ungenutzt.

5. Fazit

Ist also der berühmte und vielzitierte Rawls tatsächlich ohne Wirkmacht? Im Sinne der Fragestellung mit ihren Einschränkungen im Untersuchungsumfang ist diese Frage klar zu bejahen. Ein systematischer Einsatz von rawlsschen Theorieinhalten mit expliziten Rekurs auf Rawls war empirisch nicht zu belegen und die Literatur bestärkt diesen Eindruck. Signifikant ist das vor allem in Bezug auf die USA. Dieser Mangel an Wirkmacht auch in seiner Heimat scheint Rawls nicht nur bewusst gewesen zu sein, sondern auch stark frustriert zu haben. Auf der 1999 anlässlich des 25. Jahrestags des Erscheinens seiner „Theorie der Gerechtigkeit" stattfindenden Konferenz im kalifornischen Santa Clara dürfte er das mit deutlichen Worten zum Ausdruck gebracht haben.[27] „I think his hopefulness has been shaken by the world. His feelings have soured." zitiert Rogers dazu den Philosophen und Rawls-Schüler Josef Cohen.[28]

Trotzdem fällt es schwer, diesen Befund als etwas Endgültiges und für alle Zeit Gegebenes gleichgültig hinzunehmen. Die Ideen Rawls sind einfach zu machtvoll und zu profund, als dass sie auf Dauer ohne Einfluss auf reale Gesellschaften bleiben könnten.[29] Rawls Werk stand am Ende einer Periode, die Gleichheit und distributive Gerechtigkeit als wesentliche

---

[27] Vgl. Rogers, Ben: John Rawls, 1999.
[28] Ebd.
[29] Vgl. John, Elijah Okon: A Critique of John Rawls' Social Justice Theory and the Fate of Nigeria's Politics in the 21st-Century and Beyond, in: Journal of Law, Policy and Globalization 28, 2014, S. 12–20.

Gesellschaftsziele ansah und markierte gleichzeitig den Zeitpunkt des Umschwungs des politischen Zeitgeists in eine andere Richtung. Politische Prozesse sind zyklischer Natur und daher kann man hoffen, dass auch diese Periode ein Ende haben und das Pendel zurückschwingen wird. Hinreichend Grund, Gleichheit und Gerechtigkeit im globalen Kontext neu zu denken, gäbe es genug.

Die Zeit der wahren Wirkmacht von Rawls mag also durchaus erst vor uns liegen.

Bibliografie

1. Berkowitz, Peter: The Ambiguities of Rawls's Influence, in: Perspectives on Politics 4 (1), 2006, S. 121–133.
2. Fletcher, George P.; Dworkin, Ronald: 'The Philosopher's Brief': An Exchange, in: The New York Review of Books, 29.05.1997. Online: www.nybooks.com, <http://www.nybooks.com/articles/1997/05/29/the-philosophers-brief-an-exchange/>, Stand: 29.12.2017.
3. Freeman, Samuel: The Cambridge companion to Rawls, Cambridge 2003.
4. Freeman, Samuel: Rawls, New York 2007.
5. Frühbauer, Johannes J.: Gerechtigkeit denken. John Rawls' politische Philosophie aus sozialethischer Perspektive., Dissertation, Universität Tübingen, Tübingen 2004.
6. Heinz, Vanessa: Der Schleier des Nichtwissens im Gesetzgebungsverfahren, Bd. 33, Hannover 2009 (Hannoversches Forum der Rechtswissenschaften).
7. John, Elijah Okon: A Critique of John Rawls' Social Justice Theory and the Fate of Nigeria's Politics in the 21st-Century and Beyond, in: Journal of Law, Policy and Globalization 28, 2014, S. 12–20.
8. Kersting, Wolfgang: John Rawls zur Einführung, Hamburg 2001.
9. Laslett, Peter: Philosophy, politics and society: a collection / ed. by Peter Laslett, Oxford: New Haven, Conn. 1956.
10. Nozick, Robert: Anarchie, Staat, Utopia, München 1974.
11. Rao, Neomi: A Backdoor to Policy Making: The Use of Philosophers by the Supreme Court, in: The University of Chicago Law Review 65 (4), 1998, S. 1371–1401.
12. Rawls, John: Outline of a Decision Procedure for Ethics, in: The Philosophical Review 60 (2), 1951, S. 177–197.
13. Rawls, John: Two Concepts of Rules, in: The Philosophical Review 64 (1), 1955, S. 3–32.
14. Rawls, John: Justice as Fairness, in: The Philosophical Review 67 (2), 1958, S. 164–194.
15. Rawls, John: Eine Theorie der Gerechtigkeit, Frankfurt am Main 1979.
16. Rogers, Ben: John Rawls, 06.1999, <https://www.prospectmagazine.co.uk/magazine/who-was-john-rawls-political-philosopher-justice>, Stand: 22.01.2018.
17. Saward, Michael: Veil of influence: the legacy of John Rawls, in: Soundings (24), 2003, S. 117–124.
18. Scanlon, T. M.; Thomson, Judith Jarvis; Rawls, John u. a.: Assisted Suicide: The Philosophers' Brief, in: The New York Review of Books, 27.03.1997. Online: www.nybooks.com, <http://www.nybooks.com/articles/1997/03/27/assisted-suicide-the-philosophers-brief/>, Stand: 29.12.2017.
19. Seppänen, Samuli: Rawls Rejected, Ignored and Radicalised: Debating Procedural Justice in China, in: Justice: The China Experience, Cambridge 2017.
20. United States Congress: United States Congressional Records, Proceedings and Debates of the 84th Congress, Second Session, Senate, Tuesday, July 17, 1956.
21. United States Congress: United States Congressional Records, Proceedings and Debates of the 96th Congress, First Session, Senate, Tuesday, July 24, 1979.
22. United States Executive Office of the President; William J. Clinton: Remarks on Presenting the Arts and Humanities Awards, 1999.
23. Vermeule, Adrian: Veil of Ignorance Rules in Constitutional Law, in: The Yale Law Journal 111 (2), 2001, S. 399–433.

BEI GRIN MACHT SICH IHR WISSEN BEZAHLT

- Wir veröffentlichen Ihre Hausarbeit, Bachelor- und Masterarbeit

- Ihr eigenes eBook und Buch - weltweit in allen wichtigen Shops

- Verdienen Sie an jedem Verkauf

Jetzt bei www.GRIN.com hochladen und kostenlos publizieren